Gratitud a la Creación

· · · · · · · · · · · · · ·

Concepto Versus Realidad

Gratitud a la Creación
&
Concepto Versus Realidad

Jean-Jacques Trifault

Footsteps to Wisdom Publishing

Gratitud a la Creación
Concepto Versus Realidad
Jean-Jacques Trifault
Título original inglés: Gratitude to the Creation

Para mayor información sobre otras publicaciones del
autor o para dejar su comentario, por favor visite:
www.footstepstowisdom.org

Diseño de cubierta y diseño interior: Kasia Krawczyk

ISBN 978-0-9797877-8-2
Impreso en Estados Unidos
Publicado por: Footsteps to Wisdom Publishing

Tabla de contenidos

Gratitud
a la Creación

· · · · · · · · · · · · · · ·

Es un nuevo día y despertaste feliz esta mañana. El sol que asoma te sacudió de tu cama y le obedeciste alegremente. Te levataste y abriste la ventana de par en par mientras una brisa fresca de primavera acerco el aroma de la mañana. "¡Hoy es un nuevo día! ¡Es un día maravilloso!" Exclamaste. Sí, en una mañana como esta puedes estar agradecido de estar vivo.

Cada uno de ustedes debió experimentar tales mañanas por lo menos una vez en su vida. Recibimos tantas cosas de la creación, desde el sol que nos calienta y el aire que respiramos a los alimentos del desayuno, la hermosa casa que nos alberga y la calefacción o el aire acondicionado que mantienen nuestros cuerpos confortables.

Si miramos a nuestro alrededor, vemos muchas realidades que nos agradan. No obstante probablemente hay algunas otras que no nos gustan. Por ejemplo si hoy observamos la situación de la creación podríamos sentirnos perturbados. Hoy la Madre Tierra parece estar muriendo ¿no? Algunos lo llaman el calentamiento global pero también podría haber una explicación diferente. La creación podría estar hoy muriendo porque nadie reconoce los dones que ella les concede. Cada día la creación brinda algo a la humanidad, pero nadie dice "Gracias." Tan solo tomamos y tomamos y seguimos tomando día tras día, mientras que sus recursos están siendo empobrecidos.

Si la creación está muriendo significa que debe haber alguna relación entre lo que está sucediendo y las personas que son responsables de esta situación. ¿Podría ser que la gente está muriendo también? Si la gente estuviera viva seguramente no sólo reconocerían que ellos mismos están vivos sino también reconocerían a lo que les sustenta y mantiene con vida, la creación. Pero si las personas están muriendo entonces seguramente no pueden apreciar lo que les es dado porque están muy ocupados luchando contra su propia enfermedad. Debido a esa preocupación en si mismos tienen muy poca consider-

> *La creación podría estar hoy muriendo porque nadie reconoce los dones que ella les concede. Cada día la creación brinda algo a la humanidad, pero nadie dice "Gracias."*

ación por la creación, lo que significa que rara vez dicen "gracias" a las flores, a las plantas, el aire y todo aquello que los rodea

De hecho este siglo ha sido devastador para la Tierra. Tomamos todo de la tierra y luego nos quejamos porque no da lo suficiente. Países ricos extraen recursos de otros países. Cavamos muchos agujeros en el suelo y aun nos quejamos de que la creación no nos da lo suficiente. La creación acepta dar de sí misma quizá porque no tiene voz para quejarse como nosotros, pero el problema es que no le damos el amor y el reconocimiento que necesita para renovarse.

A pesar que la tierra nos sigue dando todas sus materias primas, necesita desesperadamente nuestro amor y reconocimiento para mantenerse y recrearse a si misma.

Si nos fijamos en las leyes de la naturaleza vamos a darnos cuenta de que siempre ha habido un concepto de dar y recibir. Por lo tanto si los seres humanos sólo tomamos y no damos a la creación nada a cambio esto significa que no estamos siguiendo estas leyes. A pesar que la tierra nos sigue dando todas sus materias primas, necesita desesperadamente nuestro amor y reconocimiento para mantenerse y recrearse a si misma. Nosotros como seres humanos sabemos que el amor es importante

porque somos "expertos" en la
búsqueda del amor a fin de existir
y ser felices. A partir de este conocimiento los seres humanos deben saber
que la creación también está necesitada de
amor.

El milagro de la Creación

Observando a la creación, podemos ver que cuando ponemos una semilla en la tierra se creará
una planta. Esta planta puede producir muchas
flores y finalmente nuevas semillas en abundan-
cia. ¿No es esto un milagro? ¿No sorprende que de
una sola semilla se pueda producir cien o más semillas? Mediante el uso de nuestra lógica diríamos
que si ponemos una semilla en la tierra solo debe
producir una nueva semilla. ¡Pero esto no es así!
Por lo tanto la naturaleza produce un milagro que
tal vez no nos gusta reconocer, pero que existe todos los días.

Para entender el concepto del milagro de dar amor
al decir "gracias" echemos un vistazo a las relaciones
entre los seres humanos. Al darle amor a alguien, tú
como el dador de ese amor, también sientes amor
hacia ti, especialmente cuando esta persona te da las
gracias. Y esta persona cuanto más reconoce el amor
que le das a él o ella, mas feliz te sientes aun, hasta

Los seres humanos son insensibles aun a percibir el sufrimiento de la creación porque ellos mismo están sufriendo a causademuchos misterios.

el punto de que si estabas enfermo, olvidarías todo sobre tu enfermedad y si estabas cansado, te haría revivir de repente.

Esta ley también se aplica a la creación. Por lo tanto, si somos más agradecidos por aquello que recibimos de la creación, en el futuro el mundo podría tener los frutos suficientes, aunque habrá muchas más personas en la tierra que en la actualidad. Hasta el momento la creación nunca ha alcanzado su plena capacidad, pero si recibe más amor dará aun más, tal vez incluso más allá de su capacidad y siempre sobre la base de ese proceso de dar y de responder. Hoy en día tú ves lo contrario, porque tomamos y no expresamos gratitud, por lo tanto la creación da cada vez menos y menos y menos.

Los seres humanos son insensibles aun a percibir el sufrimiento de la creación porque ellos mismo están sufriendo a causa de muchos misterios. Me gustaría retratar esta situación como

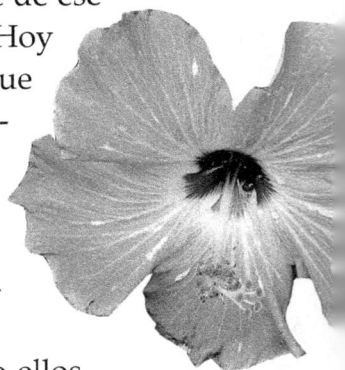

seres humanos que tienen sus mentes siempre en confusión o en dolor con corazones sedientos y cuerpos frágiles, al punto de que a los humanos les resulta necesario vivir con muchos médicos a su alrededor. Mientras los seres humanos se encuentren en este estado, esto nos indicara que lamentablemente la creación no será tenida en cuenta pronto, al menos hasta que los seres humanos vuelvan a re-establecer la fuerza de su mente y aprender a dar agua de vida a sus corazones a fin de obtener un cuerpo sano.

¿Cómo podemos poner fin a estos problemas? Lógicamente es difícil pedirle a una persona enferma cuidar de otra persona además de él mismo. Pero basado en el concepto del milagro de la gratitud que acaba de ser presentado, la única forma de que una persona enferma se sienta mejor es tomando el cuidado de alguien o algo más. La cuestión es que a pesar de que nosotros mismos no estamos completamente sanos, nos pondremos mejor diciendo "gracias" a la creación que nos rodea, por ejemplo diciendo "gracias" a un simple ramo de flores que hemos recibido y se encuentra ahora en un colorido jarrón en el centro de nuestra mesa de la sala.

Tal vez dirás que con solo expresar "gracias" nada cambiará y ello no mejorara tu vida o aquello que la rodea. Pero si no le dices gracias a la creación ¿qué estas expresando? La mayor parte del tiempo es

Supongamos que puedes elegir entre crear un milagro que aporta algo positivo o un milagro que trae negatividad, ¿que prefieres crear?

probable que no digas nada, lo que significa que eres indiferente a lo que existe a tu alrededor. Sin duda, este comportamiento también crea una especie de milagro pero esta vez en el lado negativo, ya que esto causa una baja energía dentro de ti. Supongamos que puedes elegir entre crear un milagro que aporta algo positivo o un milagro que trae negatividad, ¿que prefieres crear?

Quizás tú sientes que no necesitas estar agradecido a la creación porque crees que la creación que existe ahora en tu entorno ya existía desde mucho antes de ti, sin tu contribución. Pero si tienes este tipo de pensamiento podrías desarrollar una actitud de que todo tiene que estar disponible para ti inmediatamente, y si la creación no cumple con esta expectativa la acusaras fácilmente. De hecho, la calidad de pensamiento agradecido es deficiente en la mayoría de los seres humanos, quienes nos llamamos a nosotros mismos civilizados.

Una actitud de exigencias

El problema es que observamos a la creación con la actitud de que "debe" darnos, que el sol, el agua y todos los otros recursos están allí para nuestra supervivencia. Y porque hemos desarrollado esta actitud de "exigencia" hacia la creación en lugar de estar agradecidos a ella nos lleva a pensar y actuar como si fuéramos los amos del mundo.

Esta falta de agradecimiento también se extiende a otras partes de nuestra vida. Por ejemplo, en nuestro lugar de trabajo podríamos pensar que nuestros colegas "deben" cumplir con lo que les pedimos, especialmente si se encuentran en una situación de subordinación hacia nosotros, o que nuestro jefe "debe" darnos nuestro salario. Luego, al volver a casa y abrir la puerta no solemos tener un súbito cambio de actitud. En su lugar, seguimos con el mismo comportamiento de ser el jefe hacia todos y todo en la casa, exigiendo cumplir con todos nuestros deseos. Si se trata de nuestro cónyuge que abre la puerta, demandaremos algo de él o ella de inmediato. Tendremos la misma actitud con nuestros hijos, esperando que ellos nos sirvan del mismo modo. Con el tiempo nos daremos cuenta de que la palabra "debes" se ha convertido en una extensión de nuestra propia actitud personal, hasta el punto

Este carácter de naturaleza exigente no promueve la libertad, sino que crea relaciones totalitarias donde no hay lugar para ninguna libertad o reconocimiento.

de sentir que los otros siempre deben hacer lo que deseamos, en lugar de ser agradecidos por todo lo que hacen o nos dan. Este carácter de naturaleza exigente no promueve la libertad, sino que crea relaciones totalitarias donde no hay lugar para ninguna libertad o reconocimiento.

De la misma manera también exigimos recibir lo mejor de la creación. Por ejemplo, cada agricultor espera que su cultivo produzca sus mejores frutos y semillas, los jardineros tienen la esperanza de que sus flores susurren: "Quiero producir más flores para ti y los pescadores la esperanza de que los peces dirán, "Me multiplicare con mayor rapidez para ti." Tal vez la creación cumple con estas cosas y podemos obtener los frutos o semillas que queremos pero si nuestra actitud es de exigencia en lugar de agradecimiento ¿Podemos recibir amor en este caso? No, nosotros no sentimos amor porque estamos atascados a este pensamiento de que todo "debe" existir para nosotros.

Si la creación nos pudiera decir algo, escucharíamos su comentario de que no la esta pasando bien. Diría, "Si me apreciaras más, te daría aun más flores, frutas y peces. " Sin duda, las plantas deben preguntarse la razón por la que deben multiplicarse más aun, ya que los seres humanos no consideran que la multiplicación sea un acto de amor de la creación hacia ellos. Luego de producir cultivos año tras año sin percibir de los seres humanos ningún agradecimiento la creación podría sentir que sólo es un sirviente de las personas. Y cuanto más los agricultores, los jardineros y los pescadores mantengan este punto de vista "de exigencia" nada les va a satisfacer, al punto de que la tierra podría producir menos y menos para finalmente dejar de hacerlo.

Hoy recibimos tantas mas cosas en comparación con lo que recibieron nuestros antepasados. Pero todavía no podemos decir que vivimos en un planeta de amor. Esto es debido a nuestra actitud de exigir que las cosas deban existir para nosotros. Al no decir "gracias" no sentimos el amor desde la creación porque tenemos esta actitud de "exigencia" bloqueando nuestra garganta y que no nos permite recibir nada. Por lo tanto, la creación sólo produce de acuerdo al poder de supervivencia y no en función del poder del amor.

Cuando leemos los diarios las noticias están llenas de informes sobre graves problemas ambientales. Tal vez la humanidad no puede reparar el daño ya hecho, como el agujero de ozono y la acumulación de gases de carbono. Si ya no hay oxígeno nuestra vida se terminara. Así es, parece que no vamos a morir por la bomba atómica sino debido a la falta de oxígeno.

Origen de la teoría de "Exigir"

¿Y de donde proviene esta teoría de que todo "debe" venir a nosotros y si no es así tenemos el derecho a estar enfadados? Sin duda, esta teoría no procede del proceso de creación en sí mismo, porque como sabemos cada átomo sólo puede existir si se armoniza con otros átomos, que a su vez permite que nosotros, los seres humanos, también existamos. Átomos de oxígeno armonizan con átomos de hidrógeno para formar agua, y así sucesivamente. Este concepto de dar y recibir en un nivel molecular es un aspecto inherente de la existencia física de los seres humanos. Ahora, si los seres humanos tienen el concepto de solo tomar y nunca dar nada a cambio, esto es contrario a la forma en que la propia creación funciona.

Cuando miramos más profundamente nos damos cuenta de que teorías como "Esto debe venir a mí" u "Otros deben hacerlo para mí" o incluso, "Debo hacerlo para ti", se originan en nuestro deseo de nunca querer servir o agradar a otros. No nos gusta

dar y no nos gusta responder y en su lugar sólo nos gusta tomar y esperar. Y porque suponemos que los demás son iguales a nosotros, también creemos que no les gusta favorecer a otros, por lo tanto forzamos a los demás a hacer cosas por nosotros. El "tu debes" está en todas partes porque nuestra actitud básica es que no nos gusta hacer nada.

Por ejemplo, puedes verte a ti mismo actuando con esta expectativa hacia tu coche o cualquier otro objeto material, especialmente cuando deja de funcionar correctamente. Cuando tu coche no arranca, le dirás, "Oh lo siento, se me olvidó darte las gracias por todo este tiempo cuando estabas funcionando". No, en su lugar dirás "¿Qué sucede contigo?, fuiste hecho para funcionar como yo quiero que funciones. No tienes el derecho a dejar de trabajar para mí." Y tal vez ese auto reciba un golpe de su propietario.

A veces, gritando y golpeando el automóvil puede ayudarte a que arranque, pero a causa de tu actitud y a pesar de que tu coche eventualmente hace lo que tú quieres, seguramente no recibirás ningún amor de esa relación. Podrías obtener tu objetivo, pero no puedes recibir el amor que estaba dentro del objeto. Tampoco recibirás ningún amor cuando mañana por la mañana tomes tu desayuno murmurando y exigiendo que la comida sea cocinada de tal o cual manera. Puedes ganarte el salario en tu trabajo, pero no sentirás ninguna alegría cuando lo recibas. Y si por alguna razón una persona viene a ayudarte en lo que estás haciendo y en medio de su ayuda comienzas a tener un pensamiento exigente de que "debe" ayudarte, allí también se perderá el amor. A pesar de que la persona logra hacer algo por ti, este pensamiento exigente te impedirá sentir algo de aquel que vino libremente a darte una mano. Y seguramente con el tiempo este pensamiento afectará a tu personalidad al punto tal que otros comenzaran a pensar que eres una persona difícil de amar.

Necesitas amor para crearte a ti mismo y mantener tu alma bella.

Tal vez viviendo de esta manera puedas conseguirlo todo, pero no recibirás ningún buen sentimiento por lo que tienes. Esa es la gran diferencia al decir "gracias" por lo que recibes. Los humanos no sólo tienen un cuerpo. Tú tienes una mente y tienes un alma que necesita ser llenado con amor. Si recibes algo pero no sientes alegría significa que tu alma no es feliz. Tu cuerpo puede que este feliz, pero no tu alma. Necesitas amor para crearte a ti mismo y mantener tu alma bella.

¿Qué hay acerca de la creación que vive a tu alrededor y de la cual consumes gran parte de ella? ¿Qué es lo que necesitan las flores? Ellas necesitan de alguien que al pasar cerca les diga gracias. Eso es lo que enseñamos a nuestros hijos a hacer ¿no? Alrededor de la edad de uno o dos años les pedimos a los niños que digan gracias porque de alguna manera sabemos que eso les ayuda a recibir amor.

Si en cambio se nos enseña la palabra "debes", no vamos a recibir amor y pronto nos encontraremos cada vez mas enojados. Hacer uso de esta actitud "de exigencia" significa que vamos a esperar que alguien nos abra la puerta cuando pasemos, o que la tienda nos deba dar un buen descuento cada vez que la visitemos. Y si nos acercamos a un edificio gubernamental, no nos será difícil decir "Porque eres el gobierno debes darme dinero". Esta práctica puede ayudarnos a obtener lo que queremos pero ¿Nos convierte esta enseñanza en una persona que puede ser abordada por el amor?

Acercarse a Dios y recibir su amor

Si fuimos educados en el uso del "tú debes" como la manera predominante para acercarnos a las personas o a las cosas, entonces en un nivel diferente cuando queramos acercarnos a Dios también vamos a comenzar diciendo "Dios, Tú debes" hacer esto o aquello para mi. Si eres un buen Dios, que creo que lo eres, debes hacer todo lo que yo quiera. Si Dios no fuera un buen Dios, quizás no nos sentiríamos tan libres de utilizar la palabra "debes" con El. Pero como

Dios nos ha sido presentado como un Dios bueno que tiene amor y el poder para hacer cualquier cosa, sin duda entonces que esta teoría nos ayuda a desarrollar aún más el "tú debes" hacia Él.

Una pregunta que por lo tanto debemos hacernos es "¿Podemos realmente recibir el amor de Dios con este tipo de actitud?" Una cosa es segura, si nos comportamos de manera tan exigente con alguien que supuestamente nos agrada, como por ejemplo nuestra pareja, pidiéndole constantemente hacer algo seguramente nuestro compañero comenzará con el tiempo a rebelarse en contra nuestra.

La razón por la que no nos damos cuenta que tener esta actitud de exigencia es inadecuado en una relación de amor es porque solemos pedir cosas que están conectadas con lo material.

Sintiéndose no reconocido esta persona se preguntara, "¿Quién crees que soy?" Y, eventualmente, sentirá que no somos dignos de recibir su amor, y a pesar de que él o ella sigan tal vez cumpliendo con nuestras exigencias.

Entonces, si los seres humanos objetan cuando alguien los trata utilizando la palabra "tú debes"? ¿Qué hay acerca del Dios de la bondad? ¿Puede Dios enviar su amor a alguien que exige algo de él en vez de pedirlo humildemente?

Ciertamente que de acuerdo con la ley del amor, que existe donde hay libertad, Dios no puede dar su amor a esa persona. Esa actitud exigente hace que sea absolutamente imposible tener una relación de amor con Dios.

La razón por la que no nos damos cuenta que tener esta actitud de exigencia es inadecuado en una relación de amor es porque solemos pedir cosas que están conectadas con lo material. Por lo tanto, la mayoría de las veces la respuesta que buscamos es concedida por las personas y no por Dios, como demandar alimentos o esperar por nuestro salario. Quizá podemos recibir esas cosas sin ser rechazados automáticamente, aún sin haber aprendido la forma correcta de preguntar. Pero si la intención de Dios fue también de dar su amor al momento que recibimos algo físico, entonces seguramente esta actitud de "tú debes" sería el primer obstáculo que detiene su amor.

Si reflexionas profundamente sobre lo que se ha presentado hasta el momento, puedes darte cuenta de que todas las personas que viven a tu alrededor son en realidad un regalo para ti. Tú no eres quien creó a las personas, sólo vives con las personas. Por lo tanto si deseas crear una nueva manera de vivir, comenzaras a decir que nadie "debe" darte cosas y en su lugar expresaras gratitud por lo que recibes. Entonces si piensas de esta manera estarás siempre

ición de complacer la parte más profunda de las personas, que es su alma, y al mismo tiempo al Dios invisible del amor. Luego con esta actitud cuando recibes algo de un amigo humano sentirás la paz y otros sentimientos maravillosos. Vives en un ámbito físico, pero si cambias tu modo de pensar o la percepción ya no solo recibes lo material, también con ello recibes el amor de Dios. Es triste ver a las personas recibiendo muchas cosas físicas pero nunca sintiendo amor a través de esos actos.

En el momento en que comenzamos a advertir que nuestra alma no recibe tanto amor en proporción a lo que recibe nuestra carne, podremos con humildad aceptar la idea de que en realidad nuestra alma esta vacía de amor. Sólo si aceptamos esta realización, independientemente de que tal vez no es lo que esperábamos descubrir, y lo comparamos con lo que recibimos cuando somos agradecidos, podemos empezar a creer en el poder del agradecimiento. Y si practicamos palabras de agradecimiento como portada principal de nuestro diccionario de vida, seremos capaces de recibir el amor del universo a través de todos nuestros sentidos y llenar nuestra alma con amor.

Un árbol con muchas hojas

Cuando tenemos pensamientos de agradecimiento somos como un árbol con muchas hojas, capaz de recibir mucha luz solar, en otras palabras, amor. Pero cuando nos negamos a ser agradecidos, somos como un árbol sin hojas, como un árbol que siempre vive en el invierno, nunca experimentando la primavera o el verano. Cuanto más hojas tiene el árbol, más oxígeno puede producir, y cuanto más oxígeno tiene más los seres humanos podemos respirar y crecer. Tal vez nunca le hemos dado mucho valor a las hojas en los árboles, pero si mañana por la mañana todas las hojas fueran a desaparecer, sin duda comprenderíamos que nuestro planeta estaría en grave peligro.

Por lo tanto, si queremos hacer crecer un árbol sano tenemos que dejar que desarrolle sus hojas que también estimulara la savia a circular más libremente. En este sentido, como seres humanos cuanto mas mantenemos el sentido de ser "agradecidos" más vamos a prosperar y convertirnos en personas apasionantes. Y cuanto más apasionantes podamos ser, más vida sentiremos que circula dentro de nuestro cuerpo. A través de esta experiencia excitante, nuestras emociones vibraran como cuerdas de arpa y sólo en ese momento vamos a sentir que somos un humano con un corazón, mientras que antes quizás no teníamos conocimiento de nuestra propia dimensión.

Contrariamente, cuando cesamos de decir "gracias" es como no permitirnos a nosotros mismos recibir oxígeno. Cuando el suministro de oxígeno se corta, comienza a tener lugar la destrucción de la armonía entre los órganos de nuestro cuerpo al punto que, eventualmente, todo el cuerpo puede colapsar. Con este descubrimiento podemos entender por qué algunas personas parecen florecientes y algunas no. No es porque son especies diferentes de "árboles" sino porque algunos de estos "árboles" no desarrollaron suficientes hojas, lo que significa que no desarrollaron un especifico punto de vista mental que les permita recibir mucho mas oxígeno o amor.

Externamente tal vez todo el mundo recibe cosas similares a los demás. Por ejemplo, todos recibimos un sueldo de nuestro jefe por nuestro trabajo. Sin embargo, algunos pueden pensar: "¿Por qué debo agradecer a mi jefe? Yo vine aquí para trabajar lo que me da derecho a recibir el salario y no necesito decirle gracias." Pero si elegimos una forma diferente de pensar, por ejemplo, " Yo trabajo para mi jefe, pero él no esta obligado a darme dinero " y cuando recibimos nuestro sueldo le decimos gracias, sentiremos que recibimos amor dentro nuestro porque hemos considera-

do nuestro sueldo como un regalo y no como algo que nos deben dar. Todo en la vida esta destinado a ser recibido de esta manera.

Tradición del Día de Acción de Gracias

Expresar agradecimiento es la clave para recibir amor tanto para nosotros como para la creación. Claro que podemos decir que las flores no necesitan ningún nutriente de los seres humanos, porque ya reciben alimentos de la tierra. Así es, ellas son independientes de nosotros en un sentido físico, pero las flores siguen muriendo porque la humanidad no considera que sea necesario darles su atención. Si preguntara si ustedes necesitan que las personas les agradezcan por todo lo que Uds. dan quizás respondan, "Oh no, no necesito oír a nadie darme las gracias." Pero ¿No es doloroso cuando nadie nos agradece? Bueno, es lo mismo para las plantas. No es fácil producir cultivos cuando a nadie parece importarle. Pero si empezamos a mirar lo que producen las plantas con reconocimiento, ellas trataran de dar más de lo que hacen ahora, porque la creación se desarrolla en base a cómo reaccionamos con ella.

Esta es la razón por la que en el pasado la gente eligió un día especial para agradecer a la creación, al igual que la tradición del Día de Acción de Gracias en Estados Unidos o los Festivales de la Cosecha en muchos otros países. Después de cada cosecha los lugareños ofrecían la creación a Dios y daban gracias. Y la creación respondía a eso y quería producir más, o al menos, dar los cultivos de nuevo el próximo año. No es por casualidad que Estados Unidos es tan fructífero. En realidad, cuando miras el suelo de América, veras que muchas partes no son tan fértiles, con piedras y desiertos en muchos estados. Y sin embargo, esta nación ha sido la más bendecida. ¿Cuál es el origen de este milagro? América fue bendecida porque los primeros colonos dijeron "gracias" a Dios y a la creación.

Pero hoy en día, ¿Expresan los agricultores su gratitud a la creación? A veces lo hacen, pero no tan a menudo y ciertamente no como lo solían hacer. ¿Y piensas que las personas que viven en una ciudad están acostumbradas a decir gracias al sol y al aire o a su casa y a todo aquello que les rodea? Por lo tanto la creación ya no debe querer producir, al punto que podemos ver que muchas partes del planeta comienzan a verse afectadas por el comportamiento de las personas que viven en ella.

Cuando no hay armonía dentro de nuestro propio ser, muchas cosas que nos rodean comienzan a quebrarse o desaparecer, como por ejemplo el dinero, el automóvil, la computadora y así sucesivamente. Y eventualmente nuestros amigos empiezan a abandonarnos, o nuestro esposo aparece con los papeles del divorcio. Por lo tanto, si queremos que todo vaya bien a nuestro alrededor en primer lugar tenemos que repararnos a nosotros mismos. En otras palabras, tenemos que asegurarnos que, como un árbol tengamos hojas, que nuestra savia este llena de nutrientes y que nuestras raíces estén plantadas en suelo fértil.

Si nos fijamos en la Biblia el pasaje en Romanos 8:19 dice que la creación esta sufriendo: "La creación espera en ansiada expectativa a los hijos de Dios para que sean revelados." Esto significa que la creación está a la espera de personas que vivan por la energía del amor. Toda la creación está esperando que desarrollemos nuestros corazones mientras tanto nos da apoyo y da lo mejor que tiene.

Por lo tanto los seres humanos deben centrarse en dar y recibir amor a través de una actitud de agradecimiento lo que les permitirá crecer. Si una planta no puede recibir aire, agua y otros alimentos, comenzara a perecer o volverse como un cactus. Del mismo modo, si los seres humanos no reciben amor quizás se transformen a lo largo de los años de ser como árboles pacíficos a parecerse a cactus. Y cuando sus almas se hallan secado tal vez querrán conquistar otro país, comiendo todo lo limpio al punto de que no quedara nada.

La motivación de Dios para Crear

Entonces ¿cómo podemos obtener los nutrientes que necesitamos? Si observamos y aprendemos la teoría de Dios veremos que Dios no toma o da por la fuerza. Dios no creó el universo a partir de un sentimiento de deber. Creo que Dios quiso crear el universo con alegría y a su imagen. Por lo tanto, si eliges el punto de vista de "querer hacer" y no el de "debo hacer" Dios estará feliz de ser tu amigo cercano y darte su amor. Vivirás de una manera especial siendo libre para dar y permitir a otros sentirse libres para dar también. Si siempre quieres dar en lugar de pensar que "debes dar" removerás tu egoísmo en el proceso. Pero si no lo haces, tu actitud será la de comandar a otros, incluso a ti mismo, diciéndote que debes lograrlo todo, aunque sientas que es demasiado para cumplir. Y porque no lo puedes cumplir, comenzaras a exigir que otros lo cumplan por ti, en una forma totalitaria.

Por lo tanto tenemos que aprender una nueva teoría que es la de "querer" dar algo a los demás. Si hacemos crecer el deseo de dar en lugar de exigirnos a nosotros mismos y a otros a dar vamos a llenar nuestra alma y remover nuestro "hambre". Por otro lado, la ley de querer o forzarnos a nosotros mismos y a otros a dar nos hará perder todo y eventualmente incluso a nuestra vida física.

Desde este punto de vista, podemos entender por qué el cristianismo, así como muchas otras enseñanzas religiosas nos instruyen a no demandar nada de Dios. Aunque algunos predicadores proclaman que esa relación de negociación condicional con Dios es inaceptable, muchas personas religiosas oran a Dios con una lista de todas las cosas que quieren y necesitan. Piden a Dios que cumpla con muchas cosas para ellos. Estas oraciones posesivas y totalitarias no ponen a Dios por encima de nosotros sino que delegan a Dios a una posición por debajo de nosotros.

Si siempre quieres dar en lugar de pensar que "debes dar" removerás tu egoísmo en el proceso.

Si ponemos a Dios por debajo de nosotros El nos dejará y ya no podremos recibir su amor. Así como Dios se aleja de la gente que solo le pide y a pesar de que se llaman a sí mismos religiosos, muchos se alejaran de las iglesias para estar lejos de ellos. Esta es una de las mayores razones por la que la gente abandona la religión hoy en día.

Por lo tanto, para asegurarnos de siempre poner a Dios por encima de nosotros a menudo nos debemos analizar cuidadosamente cuando le hablamos. Debemos comenzar diciendo "Padre, quiero darte algo, quiero decirte "gracias." Decir gracias por lo que tenemos le permitirá a Dios darnos lo que El siente

que quiere darnos. No necesitamos decir lo que queremos, porque Dios ya nos da todo lo que necesitamos.

Cuando somos agradecidos estamos aprendiendo a ver cuánto tenemos y también a ver que por alguna razón ya no necesitamos tantas cosas. Este es el primer milagro. El segundo milagro es que al decir "gracias" a Dios El puede seguir dándonos su amor y eso es lo que transformara nuestra alma de una tierra seca en una tierra húmeda y exuberante. Nuestra alma se llenara y por lo tanto, vamos a querer dar más a aquellos que nos rodean. A través de una actitud de agradecimiento el amor entrará automáticamente dentro de nosotros y la gente querrá estar con nosotros. Tarde o temprano ellos nos ofrecerán cosas, porque las personas quieren devolver algo a cambio cuando sienten amor.

Lo mismo sucede con la creación. Los árboles frutales dirán "La próxima vez quiero darte más frutos porque tu te lo mereces", o "Mis frutos serán más grandes porque tu corazón es más grande." Ellos querrán producir más frutos ya que verán amor en ti. En general la creación será tan feliz de ser comida por ti que deseara multiplicarse mil veces más. Entonces, y debido a este regalo de la creación, el problema del hambre en el mundo se resolverá.

La santidad de Cristo

Si te conviertes en una persona que está continuamente agradecida por muchas cosas, seguramente un día otros se acercarán y te dirán que eres santo. Y porque sienten que eres tan santo querrán ofrecerte algo. A raíz de esta ley de querer ofrecer algo a alguien que es hermoso y luminoso, a lo largo de la historia del cristianismo muchas personas decidieron dar sus vidas a Jesús. Si no fuese tan hermoso sería imposible que esas personas quisieran ofrecerle su vida. En lugar de ello sólo hubieran tratado de seguirlo. Si Jesús fuese tan solo un buen hombre, las personas recibirían su sabiduría pero llevarían sus vidas separadas de él. Para que alguien entregara su vida por El, Jesús absolutamente debió haber estado hecho de oro o perlas o con el material del amor.

Imaginemos que en su época Jesús cambiara su filosofía y comenzara a decirle a la gente que tenían que obedecerle, exigiendo que creyeran en él y que si no lo hacían los mataría. Bajo esas circunstancias, no creo que Dios le daría su amor a Jesús durante mucho tiempo más. Y las personas

Si te conviertes en una persona que está continuamente agradecida por muchas cosas, seguramente un día otros se acercarán y te dirán que eres santo.

al lado de Jesús querrían huir lo más lejos posible a otra tierra en lugar de querer estar con él día y noche, acompañándolo por todo Israel como lo hicieron.

La gente quería seguir a Jesucristo porque era santo. Pero una gran pregunta es ¿por qué todas las personas religiosas que dieron su vida a Cristo no se volvieron como Cristo? Debe ser que a lo largo del camino estas personas exigieron algo para cubrir sus propias necesidades en vez de ser agradecidos y tratar de dar esperanzas a Jesús. A pesar de que dieron su vida por él, en medio de esa acción fue que comenzaron a exigir ayuda de Jesús. Tal vez recibieron la ayuda que demandaban pero no se volvieron como Cristo. Si buscamos saber cuales son los atributos que más nos cercan a Cristo tenemos que mirar a la naturaleza de Dios. A menos que sigamos el camino de la gratitud, seguramente no atraeremos gente a nuestro lado.

Muchas personas religiosas olvidan que se supone deben enfocar sus esfuerzos en cómo llegar a ser los recipientes del amor de Dios, en otras palabras, cómo convertirse en una vasija lo suficientemente grande como para contener el líquido del amor de Dios. Por lo tanto en lugar de preocuparse en cómo adquirir cosas, es me-

jor preocuparse en cómo podemos ser más hermosos para cuando Dios decida darnos su amor para contenerlo. Queremos ser como una vasija, no como un colador. Sin embargo, si no sabemos o si se nos olvida de que esta es la principal razón por la que nos encontramos en esta tierra, no será de extrañar que nos encontremos declinando sin lograr nuestro destino de convertirnos en los contenedores del amor de Dios. Y si no podemos lograr nuestro destino dado por Dios eventualmente incluso la creación querrá abandonarnos y las flores que nos rodean se negaran a florecer.

Jesucristo dice que el que ama al Padre Celestial heredará todas las cosas de la creación. Mateo 6:33 dice: "Mas buscad primeramente el reino y su justicia y todas estas cosas os serán añadidas también." Seguramente este concepto es la ley para convertirnos en los hijos de Dios. Por lo tanto, si queremos convertirnos en los hijos de Dios y heredar el reino de Dios tendremos que seguir esta ley con un corazón humilde.

Cuando persigues en lograr lo que acabo de explicar te convertirás en una persona de amor y las personas desearan girar a tu alrededor. Tu familia querrá vivir contigo en lugar de querer separarse de ti. Pasaras a ser como el sol, en torno al cual todos los planetas están contentos de vivir. Ellos querrán orbitar a tu alrededor en lugar de ser como meteoros perdido en el sistema solar con la esperanza de que algún planeta quiera adoptarlos. Tal vez la razón por la que estos meteoros se mueven por ahí es porque tienen algo dentro de sí mismos que les impide unirse a la ley de los planetas. Esto es lo que sucede cuando nos olvidamos de amar a Dios. Creemos que ya no somos un planeta con un sol en el centro sino un meteoro vagando solos en el vasto sistema solar. Al mismo tiempo, cuanto más seguimos actuando de esta manera, más comenzara a derrumbarse o alejarse todo aquello que nos rodea.

Si nos volvemos como meteoros seguramente no es culpa de Dios. Dios se aseguro de que cada partícula de materia en el universo comprenda la ley de unión a otra partícula a fin de crear algo más grande, eventualmente un planeta que a su momento dará nacimiento a nueva vida. Por lo tanto, si los seres humanos aceptan esa ley y tratan de trabajar con otros en armonía, van a recibir amor y juntos podrán construir un reino donde el amor reine.

Tu vida es más fácil que la de vuestros abuelos que trabajaron tan arduamente sólo para tener cada noche la cena para su familia. En este sentido, tantos milagros ocurren hoy en día y tal vez porque hay tantos que estas tan acostumbrado a ellos y no quieres reconocerlos.

Aprendamos de la historia. Aprendamos de los primeros pobladores de América que mostraron su agradecimiento a la creación. Sus canciones estaban repletas de gratitud y amor a Dios y sin embargo América era sólo un desierto. Pero a causa de esa actitud agradecida América se convirtió en la principal fuerza del mundo.

Aunque externamente los tiempos han cambiado y los antepasados hombres y mujeres parecen muy lejanos en los anales de la historia, la gente de hoy no debe tomar el camino de la indiferencia y el camino de querer ser el mandamás de todo, incluso hacia Dios. En lugar de ello, los ciudadanos de este planeta necesitan reconocer lo que se les da. A través de ello pueden lograr dos cosas: nutrir el cuerpo físico con nutrientes materiales y recibir alimento de amor para su cuerpo espiritual que juntos crearan una personalidad armoniosa. Si te rebelas en contra de ser agradecido sólo recibirás el alimento físico pero no el amor. Por lo tanto, nunca dejaras de quejarte de que nada te hace feliz, aunque tengas toda tu familia y toda la creación a tu alrededor. Cuando te quejas empujas fuera el amor que va hacia ti y te aíslas de los demás. Y eso es una tragedia.

Cuando te encuentras en un nuevo entorno para tus ojos tus oídos y tu cuerpo, sueles ser agradecido ¿no? Los primeros colonos ingleses que vinieron a América fueron muy agradecidos a esta nueva tierra y a los nativos americanos que llegaron en su ayuda pero ¿qué les pasó a los indios americanos después?

Unos años más tarde fueron asesinados. Inicialmente los colonos estaban agradecidos porque fueron liberados de sus anteriores miserables vidas pero sólo después de unos años dejaron de ser agradecidos a Dios y al pueblo que los rodeaba. Ellos comenzaron a olvidar su profundo deseo y la razón por la que vinieron a esta tierra, a la que muchas veces llamaron Tierra Prometida. Cuando perdieron su agradecimiento hacia Dios y hacia las personas desarrollaron su naturaleza de queja, hasta el punto que probablemente acusaron a su nueva tierra y sus ciudadanos como la causa de su nueva miseria.

Si esto le ocurrió a la gente que creía en Dios y que querían crear una nueva tierra donde la bondad sería el mayor enfoque ¿qué hay de aquellas personas que no tienen esos objetivos tan nobles? Nada les impedirá elegir el camino de la queja en lugar de tomar el camino de la gratitud. Esto explica por qué muchos ciudadanos de este país y el mundo desarrollaron eventualmente un resentimiento hacia Dios. Si eres agradecido de lo que recibes, entonces recibirás el amor de Dios. Y si no eres agradecido, directamente no recibirá el amor de la creación, de la gente o de Dios. Sabemos que el amor no tiene forma específica, por lo que el amor puede tomar cualquier forma así como el aire. Podemos pensar que cuando bebemos un vaso de agua el amor se ha convertido en esa agua. Con este punto de vista, cuando nuestro cuerpo necesita agua no es sólo un vaso de agua que estamos bebiendo pero en realidad es un vaso de amor que le estamos dando a nuestro cuerpo y alma. Sin duda que esto es una especie de evento misterioso. Por lo tanto, cada vez que recibimos alguna cosa y decimos "gracias" no es sólo un objeto que estamos recibiendo sino que es el amor en forma de ese objeto. Si mantenemos este pensamiento y si acabamos de imaginar un vaso de agua o un cono de helado, seguramente ya sentiremos amor.

La historia nos muestra que muchas personas en este planeta debieron haber creído que pedir ayuda a Dios era mejor que estar agradecidos a El por lo que tenían. Esta actitud explica por qué este planeta no recibió amor, hasta el punto de que la creación misma este muriendo. Por lo tanto, la única manera de reavivar la creación es reconocer que fue dada por Dios. Dios pasó tanto tiempo creando tantas formas diferentes para que no nos cansáramos de estar agradecidos. Y sin embargo hoy en el mundo a pesar de tener más cosas como nunca antes la humanidad todavía siente una gran demanda de amor. El amor no se transmitirá automáticamente a través de lo que hacemos o lo que comemos o lo que tocamos. Si queremos traer amor dentro nuestro,

necesitamos imperiosamente ser agradecidos todo el tiempo.

El amor no esta sólo en la comida, esta en todo a nuestro alrededor, por ejemplo en un bello entorno. Tenemos que aprender a decir gracias a todo. Y si hemos crecido, no necesitamos decir gracias a las mismas cosas, pero hacia algo más profundo. Sí, sobre la base del desarrollo de nuestra conciencia ahora podemos empezar a reconocer el amor a través de las personas y finalmente directamente desde el corazón de Dios.

Cuando una madre amamanta a su bebé, debería estar pensando: "Cuando doy mi leche estoy dando amor a mi bebé". A través de este pensamiento ella no sólo alimenta al cuerpo de su bebé, sino también a su alma. Cuando cocinas para otros, no sólo debes pensar que quieres hacer una buena comida, también quieres invertir tu amor en ella. Si tú vas a un restaurante y alguien te entrega la comida rudamente, te enfermaras porque no hay amor en ella. Si nadie invierte amor en cada cosa que él o ella hace

Si nadie invierte amor en cada cosa que él o ella hace automáticamente las personas estarán más y más enfermas física y espiritualmente. Esto es muy real hoy como en otros tiempos en la historia.

automáticamente las personas estarán más y más enfermas física y espiritualmente. Esto es muy real hoy
como en otros tiempos en la historia.

¿Por qué nos sentimos que estamos muriendo?
Es porque nadie quiere reconocer lo que recibimos de los demás. Es importante reconocer tanto a
la persona física que da algo como el amor que va
dentro. Las personas religiosas tienden a no querer
tener nada que ver con lo material y solo aceptan
poseer una pequeña cantidad de pertenencias materiales. Ellos creen que las cosas materiales son
creadas como obstáculos para recibir amor. Por lo
tanto, como un sustituto de las cosas materiales estas personas buscan las palabras que ellos llaman la
Palabra de Dios, creyendo que a través de la lectura
intensa de estas palabras pueden recibir el amor de
Dios.

Independientemente de esa creencia ¿reciben estas personas el amor de Dios? ¿Es cierto que al rechazar lo material tenemos más oportunidades de ser
internos y por lo tanto recibir más amor? Mediante
la lectura de un libro y olvidando nuestro entorno
¿Estaremos mas iluminados por el amor de Dios?
Una cosa es segura, si la actitud de "exigir" esta
siempre en la primera página de nuestro diccionario
no podemos recibir ningún amor de Dios, no importa
lo mucho que rechacemos las cosas materiales o lo
mucho que nos rodeemos con libros sagrados.

La tierra prometida

Muchas personas religiosas hablan de la Tierra Prometida. Sin embargo, ¿han alcanzado llegar a ese lugar o la Tierra Prometida se ha convertido en un ensueño y la esperanza de la perfección ha quedado en el camino? Al final de sus vidas, muchas de estas personas te dirán que ya no creen en una tierra prometida ni en una de ensueño.

Ignoramos que la razón por la que no llegamos a la Tierra Prometida se debe a que dejamos de ser agradecidos por todo aquello que recibimos. En cambio, las personas usualmente comienzan a rebelarse en contra de la creación y demandan muchas cosas de los otros, quejándose con los que trabajan con ellos. Siguiendo este camino, seguramente le damos la espalda a Dios acusándolo de habernos abandonado.

Sin embargo, si Dios tiene el deseo de que la humanidad se vuelva perfecta, seguramente ha provisto el sustento para esa posibilidad. La tragedia es que cuando perdemos nuestra actitud de agradecimiento morimos espiritualmente y Dios ya no puede recordarnos que nuestro destino es ser perfectos, al igual que lo fue Jesús.

Entonces ¿cómo podemos asegurarnos de que estamos siempre moviéndonos en la dirección hacia la Tierra Prometida? Si ponemos este logro en una palabra, "agradecimiento" seria la palabra.

Agradecimiento sobre todo lo que aprendemos, todo lo que recibimos. ¿Entienden ustedes que con esta actitud mantendremos nuestros ojos abiertos para reconocer el amor en todas las cosas y de este modo recibir amor? Sólo al decir "gracias" podemos percibir el amor y por consiguiente podemos entrar en la Tierra Prometida. Así, por ejemplo cuando caminamos en un jardín percibiremos que todo florece con amor. Esto significa que recibimos todo el amor almacenado en nuestro jardín.

Cultivando Gratitud

Para cultivar un punto de vista de agradecimiento, lo mejor es comenzar en la infancia. De algún modo lo sabemos y por lo tanto los adultos siempre tratan de enseñar cosas buenas a sus hijos aun cuando ellos mismos tienen dificultades para hacer realmente lo que enseñan. La primera lección que enseñan es a decir "gracias" por cada pequeña cosa que el niño recibe. Le piden al niño que diga "gracias" a la mamá por el vaso de leche, al bichito San Antonio que se posa en la mesa de picnic, etc., etc. Pero lamentablemente, esta actitud desaparece en general con el tiempo. Y cuando los niños se convierten en adultos, en vez de seguir desarrollando una mente de agradecimiento han desarrollado una mente muy opuesta.

Esta mente opuesta nos hace volver individualista. Buscamos una forma de vida en la que no estemos obligados a ser agradecidos el uno con el otro y por las cosas que llegan a nosotros, hasta el punto que preferimos no estar con gente y no sentirnos obligados a decir gracias. Si queremos evitar este destino individualista, en su lugar necesitamos educarnos a nosotros mismos y a nuestros niños a decir gracias en todo lugar. Incluso deberíamos decir gracias cuando le pagamos a alguien por aquello que compramos en la tienda de comestibles. Esta es la forma en que debemos enseñar a nuestros niños y la forma en que debemos actuar dentro de nuestra alma.

Si le dices gracias a las personas ¿se sentirán ellas mal o muy bien? A menudo nadie dice gracias a aquel que hace su trabajo porque creemos que a esa persona se le paga y por lo tanto "debe" hacer su trabajo. Pero si a la gente no se le pagara ¿comenzaríamos a decirles gracias? No es aun seguro, porque hay algo en nosotros que no quiere rendirse a nadie. Cada vez que decimos "gracias" lo que hacemos en realidad es ubicarnos por debajo de esa persona por un corto tiempo. Y porque en general a los seres humanos no les gusta rendirse a nadie, no creo que sea fácil para nosotros rendirnos a aquellos que nos dan algo independientemente de que se les pague o no.

¿Por qué es más fácil aprender a ser agradecidos comenzando desde niños a decir "gracias" en todos lados? De algún modo un niño entiende, tal vez debido a su tamaño, que está en una posición por debajo de sus padres y por lo tanto acepta decir "gracias". Pero mientras el mismo niño crece y comienza a tener la misma altura que sus padres ya no aceptará que le recuerden decir "gracias". En cambio declarará que debido a su altura ya no tiene que decir gracias. A partir de ese momento comenzará a quejarse y por lo tanto dejará de recibir amor, porque quejarse es como ponerle un corcho a una botella. Una vez que cerramos la botella, sólo podemos utilizar lo que hay dentro de la botella para saciar nuestra sed diaria. Pero ¿cuánto tiempo puede una persona vivir de una botella de amor? No demasiado tiempo. Esto significa que esta persona rápidamente sentirá mucha sed y se quejara de que nadie lo ama. ¿No es esto el eco que escuchamos en un adolescente?

Por lo tanto, es sabio enseñar a nuestros niños sin importar la edad o la altura a decir "gracias" a su madre, su padre y sus maestros, a todos aquellos de quienes reciben algo. Luego podrán seguir recibiendo el amor dentro de su botella o su alma. Tenemos que enseñarles esto, y a nosotros mismos también por supuesto. Si estamos decididos a decir "gracias" una y otra vez, el amor de Dios no nos pasara por alto sino que entrara por nuestra puerta abierta. La obediencia a ser agradecidos hará que nuestra alma se vuelva hermosa. En este sentido, no es escuchando un hermoso discurso que nos convertimos en una buena persona, sino porque estamos agradecidos a escuchar un hermoso discurso es que nos convertimos en una persona buena y hermosa. Cuanto mas agradecida es nuestra mente más nuestros ojos pueden ver lo que hay a nuestro alrededor. Y cuanto más vemos como es la vida que nos rodea, más capaces seremos de percibir el amor y por lo tanto a recibir amor.

Si haces algo por los demás, nunca digas "Debo hacerlo" o "Me siento obligado a hacerlo" porque no hay amor dentro de tus acciones. Por el contrario di "Quiero servirte", y a continuación el amor de Dios puede llegar a través de ti. Externamente, haces las mismas acciones pero tus sentimientos cambian paso a paso. Toma muchos años pero te convierte en un ser humano diferente. Si estas al cuidado de niños porque "debes" ser un padre de familia, rápidamente será algo aburrido. Tan pronto como uses el lenguaje "de exigencia" encontraras que tus sentimientos desaparecen y acabaras realizando tan solo acciones físicas. Puedes recordar todo lo que hiciste, pero no hay ningún sentimiento asociado al recuerdo. No sientes que estás creciendo, no sientes amor. El hecho es que sólo sentirás amor cuando hagas algo por alguien y cuando digas gracias.

Tal vez sea cuando alguien te da agua en un día en que estés realmente muy sediento que estarás muy agradecido a esa persona. Pero si no estas tan sediento por lo general no dices gracias. Es sólo cuando estás al final de la cuerda que comienzas a decir gracias. Sin embargo, puedes aprender a recibir amor sin esperar a que te encuentres desesperado. No es necesario que sufras para que te recuerdes decir gracias.

No es necesario que sufras para que te recuerdes decir gracias. Deberías comprender que siempre debes seguir siendo agradecido. Esa es la clave para recibir el amor que esta a todo tu alrededor.

Deberías comprender que siempre debes seguir siendo agradecido. Esa es la clave para recibir el amor que esta a todo tu alrededor.

Todo es un regalo

A partir de ahora no pienses que la gente debe darte algo. En su lugar cuando alguien te de algo di "Estoy muy agradecido". Al hacerlo, recibes amor y, al mismo tiempo, el dador recibe amor. E incluso si no recibes nada de nadie, aún puedes decir muchas

Debemos luchar contra esta fuerza que está tratando de impedirnos reconocer lo que otros nos dan. Esta fuerza podría decir "No digas gracias". "Otros Deben agradecerte a ti primero".

gracias al Padre Celestial porque al menos tienes tu vida. Siempre hay algo para estar agradecido.

Debemos luchar contra esta fuerza que está tratando de impedirnos reconocer lo que otros nos dan o evita que identifiquemos estos eventos como especiales. Esta fuerza podría decir "No digas gracias". "Otros Deben agradecerte a ti primero".

De ahora en adelante necesitas pensar en que todo es un regalo. Por ejemplo, el agua es un regalo. La creación no necesita darte agua, ella quiere dártela. Todo fue hecho por Dios como un regalo para nosotros. Dios quiso crear el mundo Él no sintió que "debía" crear el mundo. Por lo tanto, como sus hijos que somos deberíamos comenzar haciendo aquello que hacemos siempre con el punto de vista de "Yo quiero hacer esto, quiero ser una buena persona", que es también el deseo de Dios para cada uno de nosotros.

Los niños que viven en una atmósfera de agradecimiento naturalmente enseñaran a otros a pensar de la misma manera. Seguramente el niño nacido de padres agradecidos será más entusiasta que el que nació como un hijo no deseado. Hijos no deseados necesitan luchar dentro de sí mismos para encontrar un valor y controlar la llamada de la desesperanza. Tenemos que reconocer que lo que hace que un niño sea diferente de otro es el entorno en el que la semilla fue sembrada. En base a la tierra en donde el niño creció o de cual semilla proviene, será más difícil o menos difícil para él lograr un destino de bondad y amor

Y si un día tu hijo se acerca y dice: "Mamá, quiero ayudarte" esto derretirá realmente tu corazón. No es importante si lo hará bien o no, lo importante es que quiera ayudar. Si tu hijo quiere ayudar, esto es un milagro verdaderamente. En ese momento el niño abre todo su ser y por lo tanto Dios puede darle todo su amor. En ese momento el niño será feliz como la mamá también será feliz. Sin embargo el que estará más sorprendido será el propio niño ya que descubre la alegría de dar.

Cuanto más continuamos la práctica del agradecimiento mejor será nuestra personalidad, que no sólo es bueno para nosotros sino también para los que viven con nosotros. A su vez, las personas que viven a nuestro alrededor sentirán el deseo de decirnos "gracias" no sólo para ser amables sino porque nos hemos convertido en bellas personas. Nuestro

cónyuge sentirá que él o ella desean servirnos sin tener la sensación de obligación de hacerlo. Pero hasta que ese día llegue tenemos que trabajar arduamente.

Este secreto de cómo los humanos pueden convertirse en seres bellos ha sido de alguna manera enterrado en la arena y en su lugar la gente comenzó a sentir que era mejor olvidarse de ser agradecidos y solo esforzarse en conseguir esas cosas que querían. Pero a partir de ahora no importa cuál sea tu edad no pierdas más tiempo, porque tenemos que crecer a la madurez antes de pasar a otro mundo. Podemos sentir felicidad y respirar amor desde el preciso momento en que decidimos educar nuestra mente a estar agradecidos por lo que tocamos con nuestras manos, percibimos con nuestros ojos y escuchamos con nuestros oídos. Sí, independientemente de nuestra edad debemos considerar esta una situación de emergencia y comenzar ahora mismo.

Cuando somos jóvenes tenemos mucha energía y creemos que podemos sobrevivir en cualquier lugar y bajo cualquier condición. Pero no es una cuestión de supervivencia, es una cuestión de que este mundo se ve como un campo de batalla por la supervivencia, y si seguimos así ¿cuánto tiempo mas puede la tierra apoyarnos? Tal vez sea mejor pensar que vamos a morir mañana mismo a fin de ejercer presión sobre nosotros mismos y ser agradecidos todos los días por lo que tenemos. Y si aun eres joven, dite a ti mismo de no esperar a que tengas sesenta años para comenzar a apreciar las cosas. Es demasiado tarde para practicarlo, sobre todo si durante toda tu vida has utilizado la palabra "tú debes" hacia ti mismo y hacia los demás.

Si quieres permanecer seguro del lado de Dios desde lo profundo de tu ser tendrás que borrar primero el "tú debes" de tu vocabulario y comenzar a estar agradecido a lo todo lo que te rodea.

Si quieres permanecer seguro del lado de Dios desde lo profundo de tu ser tendrás que borrar primero el "tú debes" de tu vocabulario y comenzar a estar agradecido a lo todo lo que te rodea. De esta manera te convertirás en el señor de la Creación y todo niño nacido de ti estará siempre del lado de Dios, también.

Por lo tanto, desafiémonos para ver cuántas veces reconocemos ese amor que nos llega. Y cuando la gente nos sonríe ¿No es eso amor?, ¿Cuántas personas nos han sonreído durante nuestra vida o incluso el día de hoy? Por favor, responde a ese amor, reconócelo y devuélvele una sonrisa. Es un pequeño detalle pero es el camino para ser buenos como Dios es bueno.

Cuanto más agradecemos, incluso por los más pequeños detalles que rodean nuestra vida, más podemos reconocer que el amor esta en todas partes, Dios se sentirá menos apenado de haber creado la humanidad y en su lugar se regocijara de haber creado hijos tan bellos y amorosos.

Concepto versus Realidad

A veces tú crees que conoces muy bien a una persona, de que tipo es, qué piensa y cómo va a actuar, sin embargo cuando la pregunta es acerca de ti, no pareces saber lo que está ocurriendo dentro tuyo. O bien, siempre pareces conocer lo que la gente debe hacer y tal vez hasta se lo hagas saber, pero sobre ti pareces no saber lo que debes hacer. ¿Cómo puede ser eso?

Sabemos por la ciencia óptica que cuando miras a un objeto, las lentes de los ojos proyectan una imagen espejo de lo que ves en tu retina. Esta foto va dentro de tu cerebro y es dada vuelta a la forma en que inicialmente lo viste. Es un sistema increíble. Tus dos ojos te dan información sobre el color, la forma y movimientos de todo lo que está a tu alrededor con increíble precisión y detalle. Por ejemplo, cuando estas manejando un coche, tus ojos no pierden de vista la distancia y la velocidad de todos los objetos a tu alrededor, lo que te permite navegar con éxito situaciones complejas.

Sin embargo, muchas veces en la vida, a pesar de tu maravillosa vista, no ves la realidad de lo que existe a tu alrededor. Esto es así porque cuando nos fijamos en algo, a menudo miramos con la actitud de "yo ya sé lo que hay allí". En lugar de que la imagen que ves sea proyectada en tu cerebro, sucede lo contrario. El "Yo sé" ocupa tu cerebro, creando una imagen y es esta imagen la que proyectas. Es como si hubiese algún tipo de computadora dentro tuyo que cambia programas de acuerdo a tus experiencias pasadas y a lo que ya has aprendido y por tanto ves el objeto o la escena delante de ti a través del programa de la computadora.

Muchas veces en la vida, a pesar de tu maravillosa vista, no ves la realidad de lo que existe a tu alrededor. Esto es así porque cuando nos fijamos en algo, a menudo miramos con la actitud de "yo ya sé lo que hay allí".

Para ilustrar este punto hagamos una pregunta. Cuando tenías cinco años y observabas algo ¿oías en tu cerebro muchos pensamientos? La mayoría de las veces podemos decir "no", y por eso es fácil para un niño de esa edad responder espontáneamente a lo que está sucediendo a su alrededor. Pero cuando llegamos a la etapa de la edad adulta, a veces es chocante ver cuanta dificultad tiene un adulto para responder, sobre todo para responder con rapidez. Si observamos estas dos etapas de un ser humano, la infancia y la edad adulta, podemos darnos cuenta de que seguramente si no somos capaces de responder tan rápidamente, es porque hay algo más en nuestro cerebro que lo ocupa, al punto de que sólo es posible responder lentamente.

Si observamos lo que está sucediendo en nuestro cerebro adulto, podemos notar que está lleno de pensamientos o ideas que eventualmente se auto transfieren como conceptos. Por esta razón, nosotros como adultos estamos constantemente interpretando lo que está a nuestro alrededor, de modo que si alguien nos pide que hagamos algo, en primer lugar interpretamos lo que pensamos que vemos sobre la situación, y luego respondemos. Esta situación de tener un pensamiento tan pronto como una persona empieza a pedirnos hacer algo puede considerarse proveniente de nuestra experiencia o conocimientos. Y a veces el pensamiento aparece tan rápido que puede considerarse como una intuición o incluso revelación. Pero, sea como sea que lo llamemos una cosa es segura, esta masa de pensamientos e ideas tiene una inmensa posibilidad de impedirnos actuar cuando sea necesario.

Para ilustrar la cantidad de conceptos que tenemos, veamos lo que ocurre cuando vamos con amigos a una cafetería donde hay muchas personas sentadas en cabinas o alrededor de pequeñas mesas. Comenzamos por buscar un lugar donde sentarnos y al mismo tiempo observamos a las personas que ya están allí. Sobre la base de nuestra interpretación de lo que vemos, vamos a elegir una mesa y nos instalaremos en ella. Luego después de elegir algo del menú, empezamos a observar con más detalle la gente que nos rodea. Pero es muy interesante ver lo mucho que vamos descubriendo a nuestro alrededor con sólo escuchar lo que va teniendo lugar en nuestro cerebro, como si hubiera alguien susurrando dentro de nuestro oído mágico sobre cada uno de los pequeños escenarios a nuestro alrededor.

Seguramente, si observaras lo que ocurre en tu cerebro en ese momento, te sorprenderías de lo que sale de él. Y si pudieras poner todo en papel, estarías fascinado hasta el punto que podrías cuestionar si todos estos pensamientos vinieron de tu cerebro o si proceden de alguien   que conoce a esas personas y te cuenta todo acerca de ellos. Tras reflexionar, podrías incluso ver este fenómeno como una buena cosa, porque al menos tienes algo para compartir con los que están sentados contigo en la cafetería, en el caso de que la conversación este sin rumbo.

Sin embargo, no importa lo inteligentes que pueda esto hacernos parecer, esta situación de tener muchas ideas acerca de los demás también puede ser muy perturbador, especialmente si los pensamientos comienzan a abrumar nuestro cerebro, ubicándose por delante de todo lo que vemos. Desde este punto de vista podemos considerar que es mejor no tener estos conceptos que ruidosamente distraen nuestra atención.

Sin embargo, para calmar todos estos pensamientos, tenemos que aprender a tener una actitud de no saber en lugar de saber en demasía cuando estamos en frente a otras personas. En otras palabras, cuando vemos a alguien, es mejor para nosotros no tener opinión ni interpretación de lo que vemos, y en su lugar limitarnos en observar lo que vemos, tal como es. Y de hecho, en el momento en que no tenemos opinión acerca de lo que vemos hacer a la gente, podemos decir que hemos comenzado a vivir con nuestros sentidos en vez de vivir sólo con la cabeza. En el momento en que aceptamos

En el momento en que aceptamos ver sólo lo que realmente sucede a nuestro alrededor en lugar de interpretar, volveremos a desarrollar misteriosamente la actitud de un niño, a pesar de que somos adultos.

ver sólo lo que realmente sucede a nuestro alrededor en lugar de interpretar lo que sucede basado en
nuestro concepto de lo que debería ser o lo que fue en
el pasado, volveremos a desarrollar misteriosamente
la actitud de un niño, a pesar de que somos adultos.

El poder de los Conceptos

Sin embargo, lograr esta actitud es más difícil
para un adulto que para un niño pequeño, porque
un niño no tiene su cabeza tan ocupada aún. Si un
adulto puede conseguir la mente de un niño, entonces podemos comprender mejor por qué Jesús dijo
en su tiempo al mundo de los adultos, que deben ser
como niños (Mateo 19:14). El sabía que una persona
joven o un niño es capaz de responder a sus padres,
porque el niño tiene pocos conceptos, mientras que
la mayoría de los adultos al tener demasiados conceptos bloquean la relación con Dios, que es nuestro
padre. Por lo tanto, para un adulto poder alcanzar
otro nivel de relación con Dios como su Padre, de-
berá tener la mente de un niño. A pesar de que Jesús
dio este pensamiento hace dos mil años, la tarea todavía nos preocupa en nuestro tiempo.

¿Cómo podemos dejar de tener conceptos? Si nos
fijamos en lo que es un concepto podemos decir que
no viene "caído del cielo" como podríamos interp-

retar, sino que principalmente viene de lo que experimentamos en nuestra vida. Por lo tanto cuanto más larga es nuestra vida, mayor será la probabilidad de que nuestros conceptos crezcan en volumen para colmar nuestro cerebro, hasta el punto que podríamos ser programados por ellos y ya no ver las cosas tal como son.

Todas las ideas y las experiencias de nuestra vida permanecen en algún lugar de nuestro cerebro en un estado latente hasta el momento en que algo se conecta a ellos. Por ejemplo cuando entramos en una habitación de nuestra casa, y notamos que algo ha cambiado desde la última vez que estuvimos allí, podemos escuchar los conceptos moviéndose de prisa dentro de nuestro cerebro proponiendo todo tipo de ideas acerca de lo que ocurrió y si una persona dejo la habitación en el estado que la vemos ahora. Estos conceptos forman una conclusión muy poderosa, y no importa si esa persona le hizo algo a la habitación o cual era su intención o incluso si efectivamente entro en ella. La cuestión es que nuestros conceptos son tan fuertes y nos son tan convincentes que ya creemos que la persona encaja con nuestro criterio y por tanto tenía que ser esta quien lo hizo.

Debido a que estos conceptos programan nuestra mente, comenzamos a percibir que una persona hace tal o cual cosa de una manera determinada, y cada vez que veamos a esa persona, nuestros conceptos volverán en ese momento. Nuestros conceptos también son perceptibles por la otra persona, especialmente si esa persona quiere cambiar. De hecho, él sentirá que no importa lo que intente lograr, no puede hacernos cambiar nuestro punto de vista. Y lo cierto es que no importa lo que cambie, aun así no lo veremos, porque no hay espacio en nuestra mente para aceptar que él ha cambiado. En el momento en que hacemos una conclusión dentro de nuestra mente, empezamos a sentir muy firmemente que tenemos razón y que ya no hay ninguna posibilidad de hacernos creer que la persona puede cambiar.

A pesar de creer que este mundo de conceptos sólo existe dentro de nosotros y nadie más sabe lo que pensamos, tenemos que saber que este ámbito de conceptos también se percibe por las personas que nos rodean como un "espacio". Cuanto más nuestro cerebro hace una afirmación acerca de las cosas, más controla el espacio que nos rodea, y aunque no creemos que este espacio es perceptible por los demás a nuestro alrededor, si alguien tiene que vivir con nosotros, se encontrara obligado a comportarse de una manera determinada de acuerdo a nuestra mente.

Este ámbito de conceptos también se percibe por las personas que nos rodean como un "espacio".

Imagina que tenemos una pecera en nuestra casa. A pesar de saber que algunos peces pueden llegar a ser muy grandes en proporción a otros, no pueden desarrollarse de acuerdo a su potencial debido a las limitaciones impuestas por el tamaño de la pecera. Pero al momento de obtener una pecera más grandes, observaremos que nuestros peces crecen de repente. Así pues si un pez, que no tienen demasiada percepción, puede sentir cuántos centímetros cúbicos de agua hay en el acuario, ¿cuánto más pueden los seres humanos cuyos sentidos se han desarrollado enormemente percibir cuántos centímetros cúbicos de espacio le damos, a fin de desarrollar o no desarrollar el pleno potencial de su personalidad?

Basados en este ejemplo de la pecera, podemos decir que cuanto más pensamientos generamos, que hoy les llamo "conceptos", más aun reducimos el tamaño del acuario, lo que explica el por qué se hace más difícil vivir y respirar para la gente que nos rodea. Y si no están obligados a vivir en nuestro acuario, seguramente saltaran fuera de el ante la primera oportunidad que tengan. Pero si son peces que si están obligados a permanecer, en base a un contrato que hicimos con ellos como puede ser nuestro cónyuge o nuestros hijos, no debería sorprendernos de verlos a nuestro lado, apagándose lentamente al punto que parezca que van a morir.

Sabiendo que un concepto puede convertir un gran espacio en uno estrecho, es conveniente comprender el peligro de tener conceptos antes de ver a alguien perder aliento. En el momento en que nuestros pensamientos se convierten en conceptos, solidificándose como cemento, es entendible que nadie a nuestro alrededor será capaz de dar nuevas opiniones o prosperar de ningún modo.

En efecto, si tratamos de dar una opinión a una persona que tiene un concepto, nos daremos cuenta de que esta persona se vuelve muy emocional. Vamos a ver su luz verde pasar a roja, y cuando este en rojo percibiremos que empieza a gritarnos y eventualmente explota. A pesar de que no había espacio en su mente en el momento en que propusimos la idea, algún tiempo más tarde podría volver y decirnos: "Sabes, ¿te acuerdas de lo que habías dicho hace algún tiempo? Creo que es una buena idea, tal vez podemos hacer eso". Si experimentamos eso lo consideraremos como un milagro, sin importar que propusiéramos la idea hace mucho tiempo.

Si nos fijamos en la composición de un concepto, podemos decir que básicamente es una concentración de muchas ideas que hemos recogido durante nuestra vida, especialmente a partir de nuestra experiencia y muchas veces tomado de lo que otros dicen. Pero independientemente de estas fuentes que nos permiten justificar lo que creemos es la verdad, si no podemos dar espacio a alguien cercano a que exprese una idea nueva, vamos a encontrar la vida huyendo de nosotros.

Así que la pregunta que podemos hacer cuando miramos a alguien es, ¿qué es lo que realmente vemos? ¿Vemos a la persona o escuchamos a un concepto en nuestro cerebro? Desde el momento en que tenemos una gran cantidad de conceptos dentro de nosotros estaremos condenados a no ver al que está a nuestro lado, porque estos conceptos no sólo quedaran en nuestra cabeza, sino también pintaran un cuadro. Incluso si encontramos a una persona que tiene mucha luz, después de haber pasado por nuestra mente podrá parecernos oscuro. Esto significa que no estamos tratando con la realidad de lo que es la persona, sino que estamos proyectando nuestra imagen pintada sobre esa persona y haciendo una predicción.

Cuando miramos a alguien es, ¿qué es lo que realmente vemos? ¿Vemos a la persona o escuchamos a un concepto en nuestro cerebro?

Por ejemplo, si alguien nos pregunta algo de una manera que no encaja con nuestro concepto de cómo se debe preguntar, no le daremos a esta persona la oportunidad de hablar. O si alguien aporta una idea que no encaja con nuestro concepto, vamos a tratar de enterrar su idea usando nuestro concepto, con el fin de hacerle olvidar su idea. Pero si por casualidad no lo olvida e insiste con ella, entonces todo nuestro ser puede explotar como una bola de cañón contra esa persona, y seguramente no se acercara a nosotros de nuevo por un largo tiempo.

Por lo general, cuando alguien expone una idea, no es sólo una cuestión de propuesta mental a ser discutida. Se trata fundamentalmente del deseo de que alguien responda a esa idea. Curiosamente, nuestros conceptos suelen surgir en el momento en que alguien propone una idea, con la tendencia a hacer todo lo posible para impedir decirle "sí" a la idea de esa otra persona.

Aprendiendo a responder

Básicamente, el propósito de un concepto es asegurar de que no respondamos a la otra persona y sobre todo que no nos unamos para llevar a cabo o cumplir con la idea que alguien pueda traer. Como consecuencia de ello nuestros conceptos nos obligan a estar aislados de cualquiera que intente acercarse. Desde el punto de vista de la otra persona, pareciera que siempre bloqueamos sus ideas, lo que hace que esta persona sienta que no es interesante ser nuestro amigo.

En este momento podemos preguntarnos, ¿queremos salvarnos del perpetuo estrangulamiento que nos provocan nuestros conceptos? ¿Queremos ser liberados de nuestros conceptos? ¿Queremos ser puros? Si somos capaces de liberarnos de nuestros conceptos, podemos empezar a hacer lo que queramos. Por ejemplo, podremos comenzar a responder con facilidad a lo que una persona nos solicite. Pero para lograr esta liberación, la primera cosa que tenemos que hacer es ser conscientes de que, como personas individuales, creamos nuestros propios conceptos a pesar de que también somos sus primeras víctimas. Sabiendo esto, podemos observar muchas situaciones a nuestro alrededor y darnos cuenta de que, sin importar hacia donde miremos somos responsables de alcanzar los resultados que vemos, sean positivos o negativos. Entonces, en lugar de concentrarnos en lo que no nos gusta de nosotros mismos u otros, es mejor ver lo que tenemos que hacer a fin de responder fácilmente.

El mejor ejemplo de alguien que responde fácilmente es un niño. Y una cualidad que tiene un niño es que no sabe muchas cosas. Tú dices "ven" y el viene. No pregunta por qué. Si tuviera un concepto, se preguntaría por qué. ¿Preguntan Uds. por qué? La razón por la que tenemos la tendencia de poner el "por qué" cuando alguien nos pide hacer algo es porque en el momento en que esa persona comienza a hablar nosotros ya tenemos una idea de lo que quiere que hagamos. Y en el momento siguiente ya hemos decidido si queremos o no hacer lo que creemos va a preguntar. Y por último, estamos decididos a preguntar "por qué", lo que demuestra que creemos que ya sabemos lo que quiere y ya sabemos lo que queremos. Pero si miramos desde el punto de vista de la persona que nos pide algo, notaremos que está sumamente sorprendido de que respondamos a la velocidad de la luz utilizando la palabra "por qué" en lugar de "sí".

A pesar de que nuestro cerebro funciona tan rápidamente que podemos percibir al instante lo que la otra persona quiere de nosotros, podemos darnos cuenta que muchas, muchas veces, lo que predijimos, de hecho estaba mal. Y después, cuando nos dimos cuenta de que nuestro concepto estaba equivocado ¿lo aceptamos humildemente? ¿Dijimos "lo siento" por haber hecho una declaración sobre algo que en realidad no era la intención de la persona? ¿O también tratamos de hacer caso omiso de nuestro error y lo ignoramos diciendo "Eso no es lo que quise decir"? Y si nuestro concepto equivocado solo estaba en nuestra cabeza y nunca lo manifestamos, ¿no tratamos de cubrir lo que sucedió dentro de nosotros? Muchas veces no nos disculpamos por tener un pensamiento

equivocado y no lo consideramos que fue un error. Por el contrario, sólo tratamos de hacer caso omiso de la afirmación que hicimos en nuestra mente y nos reacomodamos con la realidad.

¿Qué sentimos cuando hacemos esto, cuando juzgamos a alguien sobre la base de nuestro concepto o idea u opinión, y luego nos damos cuenta de que estábamos equivocados, que hicimos una declaración errónea con nuestra boca o en nuestra cabeza? ¿Cómo actuar después de eso? ¿Tan solo seguimos adelante con nuestra vida? ¿Decimos, "Bueno, ayer yo tenía razón por lo que está bien que hoy hiciera una afirmación equivocada"?

¿Y qué hay cuando les hacemos esto a nuestros hijos? Normalmente decimos "Si tengo el concepto de que él es malo, es porque se lo merece y es normal pensar de esa forma, independientemente de que en este momento el este portándose bien". O decimos, "No importa si tengo un concepto negativo sobre él, porque sé que pronto en algún momento se comportara mal de nuevo". Después, cuando nos acercamos a su cama ¿le damos un beso para así olvidar lo que hicimos con nuestros conceptos de todo el día, con la esperanza de que escuche nuestros pensamientos que dicen: "Perdón por todos los conceptos negativos que tuve sobre ti"? ¿Acaso esperamos que nos pueda perdonar por haberlo maldecido una y otra vez a lo largo del día? Seguramente si este niño supiera lo que ocurre en la mente de un adulto, desearía nunca ser abordado o recibir un beso de sus padres.

Una cosa es segura, ya que un concepto es algo que tenemos dentro de nuestra cabeza y parece que no perjudica a nadie, tenemos muy poco de arrepentimiento sobre el. Pero si vivimos en torno a personas que tienen conceptos negativos hacia nosotros, no sé si sus conceptos serán tan invisibles como ellos piensan que son. Tal vez sus ideas no son audibles pero aun así se manifiestan como vibraciones que afectan las emociones de los demás, y por lo tanto deben ser tomadas muy en serio.

Ser como un niño

Nosotros los seres humanos somos famosos por crear conceptos a partir de todo lo que vemos, especialmente sobre las personas que vemos seguido, y nuestros conceptos a menudo son la razón para rechazar cualquier idea nueva que ellos pudieran tener o acciones que pudieran adoptar. Pero no sólo mantenemos nuestra masa de conceptos sobre los seres humanos, también creamos conceptos hacia Dios. Si rechazamos a otras personas ¿qué prueba ten-

Si rechazamos a otras personas ¿qué prueba tenemos de que si Dios quiere darnos alguna nueva idea no le haremos lo mismo o aun peor?

emos de que si Dios quiere darnos alguna nueva idea no le haremos lo mismo o aun peor? Seguramente, si no aprendemos a recibir ideas nuevas sin rechazarlas a causa de nuestros conceptos, no estamos tan bien preparados para recibir alguna inspiración de Dios. Es extraño que aunque no sabemos muy bien quién es Dios, igualmente tenemos muchos conceptos acerca de como El debería ser o hacer. Si queremos que Dios nos diga algo de una cierta manera y nos de algo en un determinado tiempo y El no lo hace, nuestro concepto se convierte en amargura, al extremo que se convertirá en un juicio contra Dios.

Desde este punto de vista, podemos decir que un concepto no reconoce quién está en frente, ya sea otro ser humano o Dios. Pareciera que el concepto tiene una identidad propia, que esencialmente es para acusar a otros. Ni siquiera importa lo que una persona hace, pues lo que haga será menos real que el concepto que tenemos sobre esa persona. Por ejemplo, si ya tenemos impreso que una determinada persona es perezosa, significa que casi siempre vamos a considerar que es perezosa, independientemente de que un día determinado no lo sea. Si por accidente esta persona trata de cambiar lo que "sabemos" acerca de él en base a nuestro concepto, no reconoceremos que hizo un cambio, porque el tamaño de nuestro concepto es tan espeso y tan denso que haga lo que haga, esto no lo eliminara.

Si un concepto dentro nosotros es más poderoso que la realidad, entonces significa que quien viva cerca nuestro no tiene ningún valor en comparación con lo que ocurre en nuestra cabeza. Esta situación debe afectar profundamente a las personas que viven en torno a otra persona que tiene muchos conceptos. Sin duda esas personas deben desear una sola cosa - vivir lejos de ella - porque saben que no importa cuánto esfuerzo realicen para complacerlo, la persona que acarrea muchos conceptos no es capaz de ver los cambios que hacen.

Pero si nos dirigimos a aquel que tiene muchos conceptos y lo escuchamos, seguramente preguntara "¿Cómo podría no tener conceptos, si sé que la gente es mala?" Aun así podemos responder: "Tal vez esto es cierto, pero si mantenemos el mismo concepto una y otra vez en contra de alguien, esto no le ayudara a ser diferente porque un concepto puede convertirse en un molde".

Para permitirle a una persona cambiar, si consideramos que es una mala persona, tenemos que remover nuestros conceptos, en otras palabras no hacer un molde de ellos. Entonces, cada día podrá comenzar siempre por el principio y terminar al final, y cada día nos permitirá crear algo diferente. Pero si vivimos con conceptos, es como si el comienzo del día es el final y hoy es como ayer, por lo tanto es el mismo día. Así pues, si un concepto puede cambiar toda la realidad de nuestro día, entonces un concepto es seguramente algo peligroso.

Con este entendimiento en mente, si decidimos que queremos eliminar la masa de conceptos que nos bloquea ver bien, y si decidimos que queremos ser como niños para así entrar al Reino de los Cielos, entonces para permitir que todo esto suceda tendremos que crear un carácter de pureza. Pureza significa que cuando vemos a alguien hoy ya hemos olvidado lo que esa persona hizo ayer en relación con su carácter. Esto quiere decir que no acarreamos la memoria en nuestra cabeza acerca de qué tipo de persona es. Una persona pura no sabe cómo será el mañana. Da espacio para el cambio porque no tiene conceptos. Esa es la razón por la que las personas a su alrededor pueden cambiar. Pero una persona que

Si decidimos que queremos ser como niños para así entrar al Reino de los Cielos, entonces para permitir que todo esto suceda tendremos que crear un carácter de pureza.

tiene muchos conceptos solo permite una pequeño espacio para que las personas se muevan a su alrededor, antes de que estas se sientan juzgadas.

Si nos permitimos tener algunos conceptos de vez en cuando, solo debería ser cuando hemos vivido con alguien y no nos ha sonreído en el lapso de seis meses, entonces quizás podemos tener el derecho a formar un concepto de que esta persona no sonríe. Pero generalmente no tenemos suficiente paciencia como para esperar al sexto mes para que nuestros conceptos ocupen nuestra cabeza. En su lugar permitimos que los conceptos tomen nuestras cabezas dentro de los seis minutos, y en el séptimo minuto creemos que conocemos a la persona y su carácter ya está programado dentro de nosotros.

Una cosa es cierta: cuando más grande es el concepto, más rápido aparece en nuestra cabeza, y más amplia se vuelve la separación entre nosotros y la otra persona. Usemos alguna situación concreta. Digamos que tienes un concepto de que una determinada raza o una determinada cultura tienen algunas características específicas. ¿Es este un buen concepto? ¿Has experimentado ver si algunas personas de esta raza o cultura son diferentes al concepto que tienes sobre ellos? Esto significa que no todas las personas de cierta raza o cultura son iguales. La actitud correcta es, no sé cómo será la persona hasta que la vea, ahora, en este momento. Se entiende que ahora es ahora. Cuando tenemos un concepto tenemos la tendencia a predecir lo que sucederá incluso antes de ver a la persona. Pero hay algo seguro, si decimos que tenemos un concepto sobre otra persona que tiene un color diferente de piel, esto significa que a su vez otra persona puede tener un concepto sobre nosotros también.

Como ya se explicó, un concepto puede provenir originalmente de algún tipo de hecho. Pero como sabemos, los hechos y la realidad están siempre en movimiento, lo que significa que no perduran mucho. Sin embargo, si formamos un concepto basado en algún hecho que ocurrió en algún momento atrás, ese concepto podría quedar con nosotros por mucho tiempo incluso después de que el "hecho" ya no sea cierto, quedando grabado y sin poder ser eliminado. Sin duda este es un problema porque significa que vamos a vivir toda nuestra vida en la tierra con este tipo de concepto y luego morir con él, hasta el punto que si alguien nos recordara dirá: "¡Oh sí, yo conocí a esta persona. Tania tantos conceptos, pero nunca vivió con la vida".

Entonces para ganar una mente que no tenga conceptos, debemos percibir la realidad tal como es. Cuando miremos a alguien también miremos a la persona tal como es, y cuando escuchemos a esa persona recordemos lo que dice, al punto de saber realmente quién es. Más allá que puede tomar años descubrir a la persona con quien estamos, esto es mucho mejor que construir conceptos en pocos minutos y luego predecir el comportamiento de esa persona durante años.

Una persona que tiene conceptos no puede moverse ni una pulgada hacia adelante, hacia algo nuevo, porque siempre cree que sabe lo que sucederá. El no quiere sorpresas ni suspenso y por eso tiene la tendencia a huir de los acontecimientos y a criticar a la gente detrás de sus espaldas. Por otra parte, una persona pura es muy curiosa por conocer a otras personas, porque para él es como una aventura y a pesar de que puede tomar años en descubrir a esa persona, considera que fue una aventura agradable.

Se una persona pura

¿Entonces cómo vamos a ser puros? Imagina al niño, el que está dentro de ti. Le escucharas decir, "Quiero ver la vida como si fuera la primera vez". Un niño quiere explorar el mundo. Cada invierno, cuando ve los primeros copos de nieve cayendo, será nuevo para él. No tiene una historia. Él escucha y actúa a partir de hoy, a partir de ahora.

En cambio un adulto tiene una historia. Los adultos creen que son autoridad en muchas cosas. Sin embargo lo bueno de los niños es que tienen la tendencia a hacer muchas preguntas, no sólo porque quieren saber la respuesta sino también por la oportunidad que les da para acercarse a otros. Un adulto tiene la tendencia a no hacer ninguna pregunta, no porque él lo sabe todo sino porque cree que lo sabe todo.

A modo de ejemplo, digamos que tal vez nunca antes has pintado una habitación en tu casa, y sin embargo estas seguro de que conoces la manera correcta de hacerlo. Tal vez tú sientes que sabes cómo cuidar de los niños a pesar de que nunca has tenido hijos. Sabes cómo madurar pero nunca has madurado. Sabes cómo se ayuda a la gente pero nunca has ayudado a nadie. Tú sabes cómo hablar, aunque nadie te entiende cuando lo haces.

¿Cómo es posible que nosotros, seres adultos, podamos tener tanta confianza en todo lo que hacemos? ¿Cómo podemos tener la convicción de que estamos bien informados sobre cómo relacionarnos con la gente, cuidar de la gente, hablar con la gente, si no fuere por el concepto que tenemos sobre nosotros mismos? Sin embargo, si por accidente alguien nos toma en serio acerca de todo lo que creemos que podemos hacer, ¿quedara nuestro concepto con nosotros o saldrá corriendo y nos dejara congelados en medio de nuestra actividad? Creo que nuestro concepto no se quedará firme con nosotros cuando nos confrontemos con lo que creemos saber, y en cambio nos abandonará como si no existiéramos para él. En realidad, cuando alguien nos pide de pintar la habitación, repentinamente no sabemos cómo empezar y no sabemos cómo utilizar el pincel. Pero antes habíamos hablado como si fuéramos un profesional.

Para asegurarnos de que un concepto no nos haga creer que todo lo sabemos hacer, cuando en realidad aun no hemos hecho nada, la mejor manera es aprender a hacer cosas en la realidad. Si empezamos a tocar la realidad, como ser comprar un galón de pintura y un pincel y pintar nuestra habitación, entonces podemos decir que sabemos cómo pintar. Cuando comenzamos a tocar la realidad de ver a alguien y aceptar a ese alguien durante un largo tiempo, entonces conocemos a la realidad. Cuando nos concentramos en el descubrimiento de la realidad, de hecho estamos debilitando nuestro campo de los conceptos. Por el contrario, cuanto más rechazamos la realidad de la vida, más damos espacio a que nuestros conceptos crezcan como el hongo crece en la cima de un árbol moribundo.

En consecuencia, ¿cómo vamos a quitar nuestros conceptos? No podemos detener a nuestros conceptos tratando solamente de cambiar el pensamiento de nuestro cerebro. Esta es la razón por la que nadie ha

Un concepto se parece a una gran bola de piedra, tan tensa, tan compacta que es casi imposible de eliminarla con una forma diferente de pensar.

sido capaz de eliminarlos. Tal vez podamos destruir algunos pensamientos negativos con algún pensamiento diferente, pero no podemos destruir un concepto porque este se ha impreso en nuestro cerebro. Un concepto es una declaración basada en algún hecho, pero muchas veces acentuada al repetir una historia, real o no real. Básicamente un concepto es todo nuestro conocimiento y experiencia condensado en un solo lugar. Por lo tanto, este concepto es más poderoso que el conocimiento o el pensamiento. De hecho, un concepto se parece a una gran bola de piedra, tan tensa, tan compacta que es casi imposible de eliminarla con una forma diferente de pensar. Esta es la razón por la que estamos atrapados por nuestros conceptos.

Tal vez no tengamos un concepto cuando vemos por primera vez a una persona, por ejemplo un nuevo compañero de trabajo. Al comienzo todo está bien pero mientras las horas pasan comenzamos a encontrar algo que crece dentro nuestro, de modo que al segundo día estamos creando un concepto tan fuerte que nos bloquea, y debido a esto no queremos trabajar cerca de esta persona. De hecho, al tercer día nuestro concepto ha aumentado hasta el punto de que no queremos ver a esta persona nunca más. Así que la realidad es que a pesar de que continuamos con nuestro trabajo junto a esa persona, también desarrollamos un concepto que se quedará con nosotros para toda la vida si no podemos quitarlo.

Sin embargo, si observamos a una persona pura, nos daremos cuenta de que una persona pura puede vivir sin conceptos, no sólo por tres días pero también por tres años. La razón por la que él puede vivir sin ningún concepto se debe a que empieza por observar lo que esa persona hace, y si no entiende algo lo preguntará. Porque cada día es un nuevo día y es un día para descubrir, para él no es tan difícil preguntar cuando quiere saber algo. Al preguntar, se torna humilde delante de la realidad y esta es la clave para permanecer abierto, limpio, fresco y puro.

Por lo tanto, si alguien quiere acabar con el mundo de los conceptos, tiene que empezar a preguntar. Y cuanto más pregunta y más acepta escuchar lo que otros dicen, más reducirá su mundo de conceptos. Alguien que no hace preguntas desarrolla en su lugar orgullo, y el orgullo se manifiesta intelectualmente mediante la producción de conceptos más fuertes. Esta es la razón por la que una persona que tiene conceptos es una persona que cree que ya sabe, sin importar que tantas veces descubra que no sabe.

¿Cómo somos creados?

En base a este entendimiento, ¿podemos decir que esta noche cuando volvamos a casa sabremos cómo estará nuestra esposa? ¿Podemos decir que sabemos lo que nuestros hijos van a hacer mañana? Sin duda, si observamos la vida nos daremos cuenta de que la vida no es como un programa de computadora. La vida está compuesta de movimientos que se planifican y actúan minuto a minuto. Por lo tanto, cuando decimos que sabemos lo que nuestra pareja o nuestros hijos harán, significa que no estamos observando la vida sino que estamos siguiendo un programa.

Muchas personas hacen lo mismo en diferentes ámbitos, como tal vez un ministro de iglesia cuando anuncia: "Sabes, yo sé lo que Dios haría en esta situación" o algo similar. Pero la realidad es que ¿podemos saber lo que Dios hará? Y ¿sabe Dios realmente lo que los seres humanos harán? ¿O es que Dios tampoco tiene ningún concepto y sólo observa lo que los seres humanos hacen? ¿Sabía Dios de antemano lo que el Faraón haría con Moisés o Dios tuvo que verlo para saber lo que hizo? ¿Supo Dios lo que la gente haría en torno a Jesús? No, El no lo sabía.

Si Dios supiese todo, significa que los seres humanos no habrían sido creados con vida, sino que serian máquinas programadas, y no creo que a los seres humanos les guste escuchar que sólo somos máquinas programadas para así hacer lo que exige el programa. Por lo tanto, creo que no es sabio predecir lo que sucederá mañana, porque si lo hacemos significa que no queremos vivir el día después de mañana.

¿Supo Dios lo que la gente haría en torno a Jesús? No, Él no lo sabía.

Cuando miramos a un niño, podemos notar una cosa muy interesante, el quiere vivir. Esto significa que quiere experimentar cada día, que quiere descubrir el día, así como quiere crear el día. Al observar a un niño, entonces sabremos si vivimos como un niño o si estamos viviendo como un ser programado. En el momento que elegimos tomar el camino del niño, que es relacionarse con el día tal como se presente, sabremos que nuestros conceptos se debilitarán, día a día, y debido a esto descubriremos que la vida es una experiencia agradable.

De hecho, si fuéramos a descubrir que Dios es tan solo un programador y nosotros somos parte de su programa, sería comprensible si decimos que Dios no es amor. Del mismo modo, si tenemos muchos conceptos sobre el mundo, sobre los miembros de nuestra familia y también sobre nosotros mismos, entonces es comprensible que sintamos que no hay amor en este mundo, en nuestra familia, o en nosotros mismos.

Si queremos remover nuestros conceptos, tenemos que aprender a vivir con la realidad, que esencialmente es vivir nuestra vida física con las personas que nos rodean.

Si queremos remover nuestros conceptos, tenemos que aprender a vivir con la realidad, que esencialmente es vivir nuestra vida física con las personas que nos rodean y todo lo demás que está allí. Digamos que vamos a ver a alguien que hemos conocido con anterioridad, si tenemos un concepto sobre esta persona en el camino aparecerán muchas ideas acerca de quién es y lo que hará. Incluso antes de sentarnos y saludarlo, ya sabremos básicamente todo sobre él.

Por lo tanto, para cambiar este concepto que crece a la misma velocidad que viajamos, tenemos que pensar que esta será como la primera vez que nos encontramos con esta persona y que no la conocemos aun. Y si pensamos como si no lo conociéramos, es como darle una oportunidad de ser diferente o incluso de ser el mismo que era, y haciendo esto removemos nuestro concepto y esto nos ayuda a mirarlo y verlo como a una persona real. Por lo tanto si cuando esta persona se encuentre con nosotros nos sonríe, daremos una muestra de bienvenida a su sonrisa, y eso provocara un efecto inmenso en nosotros como así también a esa persona. Pero si tenemos un concepto negativo sobre la persona que vamos a encontrar y esta nos sonríe, no tendremos dificultad alguna en rechazar su sonrisa o interpretarla como negativa. Por lo tanto, el objetivo es llegar al encuentro con esa persona con la mente tranquila y mantenerla tranquila hasta el preciso instante que nos encontremos, que lo escuchemos, es decir ahora.

También necesitamos tener mucho cuidado cuando alguien viene a hablarnos acerca de otra persona. Después de escuchar un informe, tenemos que tener cuidado de no construir un concepto sino mantener la mente clara, como si no conociéramos a esa persona de la que él ha estado hablando. Si utilizamos lo que dijo, cuando la veamos nos daremos cuenta de que no estamos viendo a la persona sino que estamos viendo el concepto que la otra persona tenía sobre él, y esto puede hacernos juzgar al otro sin conocer los hechos reales. En su lugar tenemos que tratar de ver a todo ser humano como si fuera la primera vez. Así, aquello que hagan será como una sorpresa y seguramente esto nos permitirá mantener la pureza.

Si nos fijamos en una vieja historia de la Biblia que retrata a Abraham, podemos leer que Dios le pidió que hiciera

de su hijo una ofrenda. Si Abraham hubiera tenido un concepto de lo que Dios le pedía, creo que nunca habría hecho la ofrenda, debido al hecho de que hubiera tenido demasiados pensamientos pasando por su cabeza, conceptos pidiéndole que no creyera lo que Dios quería que hiciera. Pero debido a que Abraham sí confió y creyó en lo que Dios le pidió, fue capaz de eliminar sus conceptos y por lo tanto producir las acciones necesarias para hacer una ofrenda pura. Además, debido a que Isaac aceptó confiar en su padre Abraham, él también pudo convertirse en una ofrenda pura. Y debido a la transformación que debió haber ocurrido dentro de estos dos hombres mientras luchaban por confiar, Dios pudo prescindir de ellos pero en su lugar los elevo a la santidad.

De esta antigua historia, seguramente podemos aprender que para que nosotros podamos ser elevados a un nivel en el que Dios pueda estar orgulloso de vernos, tenemos que entender como ser puros. Una ofrenda pura se hace con la actitud de "no voy a tener conceptos". Para lograrlo debemos tener el pensamiento de no saber qué va a suceder, lo que significa actuar con confianza. Si Isaac después de oír a su padre, quien le pidió que fuera el Monte Moriah, hubiese tomado algún tiempo para pensar en ello, creo que nunca hubiera aceptado seguir a su padre. Pero debido a que Isaac rápidamente se unió con él, esto le permitió a Isaac aceptar hacer esta ofrenda tal como Dios quería que la hiciera.

Con el fin de que Dios pase a través nuestro, por lo menos mentalmente, tenemos que ganar la cualidad de ser transparentes. Esto significa que necesitamos que nada este ocupando nuestra cabeza, porque si tenemos conceptos en nuestra cabeza es imposible para Dios decirnos nada. Ni siquiera podemos comenzar a ser entrenados por Dios para así remover nuestros conceptos, ya que no oímos a Dios hablarnos porque nuestros conceptos lo bloquean.

Necesitamos que nada este ocupando nuestra cabeza, porque si tenemos conceptos en nuestra cabeza es imposible para Dios decirnos nada.

Por lo tanto es preferible iniciar nuestro entrenamiento con la gente a nuestro alrededor que tantas veces nos insisten en que las escuchemos. Al aceptar seguir rápidamente sus demandas externas, vamos a quitar nuestros conceptos a una velocidad mayor de lo que pueden crecer. Y si podemos lograr eso con la gente, entonces podemos volver a Dios con una mente más pura.

Si no podemos remover nuestro concepto, entonces cuando algo nuevo se nos presente vamos a atacarlo utilizando un concepto que es viejo en comparación con la situación frente nuestro. Si mañana

por la mañana Dios quiere comunicarle algo a un grupo de personas religiosas ¿podrá lograrlo? No, porque las personas religiosas suelen tener muchos conceptos. Ellos creen que tienen que defender su larga historia de fe. Como resultado, todo lo que Dios les dice hoy será considerado como que no puede ser verdad. Debido a este fenómeno de concepto contra realidad o pasado contra presente, vemos muchas guerras y mucha fricción entre los seres humanos.

Cuando Dios le estaba hablando a Abraham, sin duda que lo que dijo en ese momento debió haber sido diferente de lo que Abraham ya conocía, y es por ello que le tomó a Abraham tres días de dilema en aceptar lo que Dios le pedía. Sin embargo, si Abraham no se hubiera interesado en seguir la voz del Dios presente en ese momento, seguramente el habría atacado esa voz, tan tierna en su interior, en base a lo que sabía acerca del Dios del pasado.

¿Estamos vivos?

Si queremos hacer la paz entre todas las personas religiosas, tenemos que aceptar que Dios no está programado de acuerdo con el libro del pasado, sino que Dios está vivo y tiene derecho a pedir siempre algo diferente del pasado, al igual que nuestros hijos que están llenos de vida nos suelen pedir, como sus padres que somos, hacer algo diferente, como también nosotros le hemos pedimos a nuestros padres ser diferentes del pasado.

Si los padres tienen muchos conceptos acerca de cómo deben ser sus hijos, entonces sus hijos siempre entraran en discusión con ellos. La única manera para que la paz se logre en la familia es que los padres abandonen lo que creen saber acerca de cómo relacionarse con sus hijos, y así se relacionen realmente con ellos en el momento presente. Asimismo en el ámbito de la religión, si las personas religiosas pueden aceptar que Dios está vivo y que El siempre quiere pedirles algo que todavía no está escrito en sus libros religiosos, entonces la gente religiosa nunca será vista como hacedores de guerras, sino como precursores de la evolución de la humanidad, porque siempre estarán dispuestos a

Si queremos hacer la paz entre todas las personas religiosas, tenemos que aceptar que Dios no está programado de acuerdo con el libro del pasado, sino que Dios está vivo y tiene derecho a pedir siempre algo diferente del pasado.

remover sus conceptos por algo nuevo que surge en el tiempo actual.

Esto significa que cualquiera sea la creencia que tengamos, ésta siempre debe ocupar un lugar atrás en la cabeza en lugar del frente, porque en el momento en que Dios quiera preguntarnos algo, ya sea directamente o a través de alguien, no será el momento de tener un concepto sino que será el tiempo de eliminar todas las ideas. Si no somos capaces de remover nuestros conceptos sobre la vida o sobre Dios, nuestras creencias nos confinaran dentro de su espacio limitado. Esto sin duda que nos mantendrá como dentro de una caja por un buen tiempo, porque estaremos en contra del movimiento o en contra de cosas que cambian, lo cual es prueba de que nuestros conceptos ya nos han dominado.

Cuando a cada momento nos volvemos precavidos de no tomar nuestra experiencia y transformarla en un concepto, entonces seremos lo suficientemente puros para que siempre recibamos con beneplácito la siguiente experiencia. Y a causa de esto seremos capaces de acercarnos a la presencia de Dios. Si no podemos acercarnos a la presencia de Dios, eso significa que no podemos recibir el amor necesario para alimentar nuestra alma y para alimentar a la gente que nos rodea. A pesar de que tenemos muchas convicciones acerca de nuestras relaciones con las personas y con Dios, el hecho es que hasta que nuestra mente sea lo suficientemente pura, el amor de Dios no se manifestará en nosotros. Y esto es realmente el punto principal.

Entonces, para permitir que el milagro del amor entre en nosotros, tenemos que participar de ese milagro, destruyendo nuestros conceptos al aceptar vivir con la realidad. Y cuanto más aceptamos vivir con la realidad, con cada momento tal cual nos fue dado, nuestra mente será aun más simple, y esto nos ayudará a usar nuestra mente para fines diferentes de lo que antes era usada.

Si queremos ser una persona donde la realidad es nuestro libro de la vida en lugar de ser un concepto escrito en un viejo libro polvoriento de nuestra biblioteca, entonces descubriremos por qué cada día comienza con la mañana y termina con la noche. Nos daremos cuenta de que algo ha tenido lugar durante la noche, y es la eliminación de lo que sucedió el día previo. Así, estamos lis-

Hasta que nuestra mente sea lo suficientemente pura, el amor de Dios no se manifestará en nosotros.

tos a usar nuestra mente para vivir bien a través del nuevo día.

Por lo tanto, si queremos ser agradecidos por algo, debemos decir "gracias" a la noche, y si queremos ser entusiastas por algo, debemos decir "gracias" a la mañana. Si queremos apreciar una buena y larga historia tenemos que decir "gracias" a la tarde. Y si queremos disfrutar de una buena emoción, tenemos que decir "gracias" al atardecer.

Si podemos decir "gracias" en cada momento de nuestro día, seremos victoriosos sobre nuestros conceptos. Así pues, deja que la vida sea.